AF358588

PETIT
ATLAS GÉOGRAPHIQUE
DU PREMIER AGE

CARTES

PETIT
ATLAS GÉOGRAPHIQUE
DU PREMIER AGE

COMPOSÉ

DE NEUF CARTES ET D'UN TEXTE EXPLICATIF

PAR M. CORTAMBERT

PARIS

LIBRAIRIE DE L. HACHETTE ET Cⁱᵉ

Rue Pierre-Sarrazin, n° 12

1848

AVERTISSEMENT.

Notre but, dans ce travail très-élémentaire *, est de donner aux plus jeunes élèves les premières et les plus simples notions de géographie, et de les préparer ainsi à suivre convenablement des ouvrages plus complets, tels que notre *Petit Cours de géographie* (1) et notre *Cours de géographie* (2). Nous nous sommes borné à un très-petit nombre de détails pour ne pas fatiguer des mémoires encore si peu exercées, et pour faire entrer doucement et agréablement dans ces jeunes esprits le désir d'en apprendre davantage. Notre longue expérience dans l'éducation, l'étude attentive que nous avons faite de l'enfance et de ses besoins, nous permettent d'espérer que ce petit ouvrage sera utile et accueilli du public avec quelque bienveillance.

* Le même ouvrage se vend sans les 9 cartes. Prix : broché, 15 c.; cartonné, 20 c.

(1) 1 vol. in-12 de 216 pages. Librairie de L. Hachette et Cie.
(2) 1 vol. in-12 de 650 pages. Même librairie.

TABLE DES MATIÈRES.

PETITE
GÉOGRAPHIE
GÉNÉRALE

FORME DE LA TERRE.

La *géographie* est la description de la Terre.

La Terre est ronde ; ce qui le prouve, c'est que, par-dessus les grandes plaines ou les grandes étendues d'eau, on ne peut voir que le haut des édifices, des montagnes ou des vaisseaux très-éloignés : voilà pourquoi notre vue est limitée de tous côtés sur la Terre ; cette limite forme un grand cercle autour de nous et s'appelle *horizon*.

Les montagnes n'empêchent pas la Terre d'être ronde, parce qu'elles ne sont rien comparativement à sa grosseur : la Terre, en effet, a 40000 kilomètres de tour ou environ 13000 kilomètres d'épaisseur, tandis que les plus hautes montagnes n'ont pas 8 kilomètres d'élévation.

de la Terre?—Qu'appelle-t-on horizon?—Comment l'horizon prouve-t-il la rondeur de la Terre?—Pourquoi les montagnes n'altèrent-elles pas la forme du globe? — Quelle est l'étendue de la Terre?

MOUVEMENTS DE LA TERRE. — JOUR, NUIT, ANNÉE ET MOIS.

La Terre tourne sur elle-même ; elle fait ainsi passer devant le Soleil successivement tous les points de sa surface : voilà pourquoi nous avons tour à tour le *jour* et la *nuit*, le *matin* et le *soir*, *midi* et *minuit*, enfin toutes les différentes heures.

La Terre fait un tour entier sur elle-même en vingt-quatre heures.

Elle tourne en même temps autour du Soleil ; elle fait cette révolution dans l'espace d'une *année*.

La Lune tourne autour de la Terre dans l'espace d'un *mois*.

QUESTIONNAIRE. Qu'est-ce qui cause la succession du jour et de la nuit, le matin, le soir, midi, minuit?—En combien de temps la Terre tourne-t-elle sur elle-même? — En combien de temps tourne-t-elle autour du Soleil?—En combien de temps la Lune tourne-t-elle autour de la Terre?

POINTS CARDINAUX.

Le côté de l'horizon où le Soleil semble se lever s'appelle *est* ou *levant;* celui où il semble se coucher est l'*ouest* ou *occident;* le *sud* ou *midi* est dans la direction où nous voyons le Soleil à midi; le *nord* ou *septentrion* est à l'opposé : ce sont les quatre *points cardinaux.*

Il y a quatre *points collatéraux :* le *nord-est,* entre le nord et l'est;

Le *nord-ouest,* entre le nord et l'ouest;

Le *sud-est,* entre le sud et l'est;

Le *sud-ouest,* entre le sud et l'ouest.

Les points cardinaux et les points collatéraux forment ce qu'on appelle la *rose des vents.*

QUESTIONNAIRE. Quels sont les quatre points cardinaux? — Vers quels points du ciel sont-ils placés? — Quels sont les quatre points collatéraux? — Qu'appelle-t-on *rose des vents?*

AXE, POLES, ÉQUATEUR.

La ligne imaginaire sur laquelle la Terre fait son mouvement sur elle-même, et qu'on peut comparer à l'essieu d'une roue, s'appelle *axe.*

1.

Les deux extrémités de l'axe sont les *pôles* : l'un est le *pôle nord* ; l'autre, le *pôle sud*.

On nomme *équateur* ou *ligne équinoxiale* un grand cercle qui se trouve à égale distance des deux pôles, et qui divise la Terre en deux demi-boules ou *hémisphères*. Ce cercle est dans la partie la plus chaude de la Terre, car c'est au-dessus de cette partie que le Soleil darde directement ses rayons.

A mesure qu'on s'éloigne de cette région et qu'on s'avance vers le pôle nord ou vers le pôle sud, il fait de plus en plus froid.

QUESTIONNAIRE. Qu'est-ce que l'axe ? — les pôles ? — l'équateur ? — Qu'appelle-t-on hémisphères ? — Où fait-il le plus chaud ? — Où fait-il le plus froid ?

TERMES GÉOGRAPHIQUES
APPLIQUÉS AUX TERRES ET AUX EAUX.

Il y a, sur le globe, des terres et des eaux. Les plus grands espaces de terre sont les *continents*.

Les *îles* sont des terres moins grandes, entourées d'eau de tous côtés.

Beaucoup d'îles rapprochées les unes des autres forment un *archipel*.

Les presqu'îles sont des espaces de terre environnés d'eau *presque* de tous côtés.

Un *isthme* est un espace étroit resserré entre deux masses d'eau.

Les *côtes* sont les bords des continents et des îles (1).

Les *promontoires*, les *caps* et les *pointes* sont les avancements des côtes.

La plus grande partie de l'eau répandue sur le globe terrestre forme ce qu'on appelle la *mer*.

Les *océans* sont les plus grands espaces de mer.

Une *mer* est un espace moins grand qu'un *océan*.

Les *golfes*, les *baies*, les *anses* et les *rades* sont des avancements de mer qui pénètrent dans les terres.

Les *ports* ou *havres* sont des avancements plus petits propres à servir d'asile aux vaisseaux.

Les *détroits* sont des espaces de mer resserrés entre deux parties de terre.

Les *lacs* sont de grands amas d'eau placés au milieu des terres.

Les *marais* sont des amas d'eau peu profonds situés dans les terres.

Il existe souvent, dans la mer, des rochers dangereux pour les navigateurs ; on les appelle *écueils*, *récifs* ou *brisants*.

(1) Souvent aussi on appelle *côte* le penchant d'une montagne ou d'une colline, et quelquefois une montagne et une colline tout entière.

Les *plaines* sont de grands espaces de terrain plats.

Les *montagnes* sont de grandes hauteurs; les *collines* sont moins élevées.

Une *chaîne de montagnes* est formée de plusieurs montagnes jointes les unes aux autres.

Les *volcans* sont des montagnes terminées par de grandes ouvertures nommées *cratères*, d'où sortent des flammes, de la fumée et des minéraux fondus ou calcinés.

Un *défilé* est un passage étroit entre deux sommets de montagnes, ou entre une montagne et la mer.

Les *vallées* et les *vallons* sont des espaces profonds qui se trouvent entre deux montagnes ou entre deux chaînes de montagnes.

Un *fleuve* est un grand cours d'eau qui va se jeter dans la mer.

Une *rivière* est un cours d'eau qui se jette ordinairement dans un fleuve; cependant il y a des rivières qui se perdent dans d'autres rivières; et quand un cours d'eau qui se rend dans la mer n'est pas considérable, il s'appelle aussi *rivière*.

Un *ruisseau* est un très-petit cours d'eau.

La *source* d'un cours d'eau est l'endroit où il commence; son embouchure est l'endroit où il se jette dans la mer. Plusieurs embouchures s'appellent aussi *bouches*.

L'endroit où deux cours d'eau se réunissent est un *confluent*.

Les *affluents* d'un cours d'eau sont les divers cours d'eau qu'il reçoit.

Les deux rives d'un cours d'eau s'appellent *rive droite* et *rive gauche*. Pour les reconnaître, il faut se figurer que le cours d'eau est une personne qui descend vers l'endroit où il se termine, et qui a, comme nous-mêmes, un côté droit et un côté gauche.

Un *étang* est un amas d'eau formé ordinairement par un ruisseau dont on arrête le courant au moyen d'une chaussée.

Un *canal* est un grand fossé où l'on introduit de l'eau pour faire circuler les bateaux et pour établir ordinairement une communication d'un cours d'eau à un autre (1).

QUESTIONNAIRE. Qu'est-ce qu'un continent? — une île? — un archipel?—une presqu'île?—un isthme?— une côte?—un promontoire? — un cap ou une pointe?— Qu'est-ce que la mer en général?— Quelle différence y a-t-il entre un océan et une mer? — Qu'est-ce qu'un golfe? — une baie? — une anse? — une rade? — un port ou havre? — un détroit? — un lac? — un marais? — Qu'appelle-t-on écueils, récifs ou brisants? — Qu'est-ce qu'une plaine? — une montagne?— une colline? — une chaine de montagnes? — un volcan? — une vallée? — un vallon? — un fleuve? — une rivière? — un ruisseau? — un confluent? — la source et l'embouchure d'un cours d'eau? — Qu'est-ce que les affluents d'un fleuve? — Comment distingue-t-on la rive droite et la rive gauche d'un cours d'eau? — Qu'est-ce qu'un étang? — un canal?

————————

(1) On donne souvent aussi le nom de *canal* à un détroit.

MAPPEMONDE, PARTIES DU MONDE ET OCÉANS.

Une *mappemonde* représente la Terre dessinée sur le papier.

Ce dessin montre la Terre divisée en deux hémisphères, parce qu'il serait impossible de voir sur le papier le globe tout entier, tel qu'il est naturellement : si l'on voulait dessiner le globe sans le diviser, la moitié de dessus cacherait celle de dessous.

Il y a cinq parties du monde : l'*Europe*, l'*Asie*, l'*Afrique*, l'*Amérique* et l'*Océanie*.

Il y a trois continents : l'*ancien*, qui comprend l'Europe, l'Asie et l'Afrique ; le *nouveau*, qui comprend l'Amérique, et le *troisième*, qui est l'*Australie* ou la *Nouvelle-Hollande*, renfermée dans l'Océanie.

On compte cinq océans : l'*océan Atlantique*, entre l'Europe et l'Afrique, d'un côté, et l'Amérique de l'autre ; — le *Grand Océan*, qui entoure presque toutes les terres de l'Océanie, et qui s'étend entre l'Asie et l'Amérique ; — l'*océan Indien*, au sud de l'Asie ; — l'*océan Glacial du nord*, qui entoure le pôle nord ; — enfin l'*océan Glacial du sud*, qui entoure le pôle sud.

La mer *Méditerranée*, formée par l'océan Atlantique, s'enfonce entre l'Europe, l'Afrique et l'Asie.

RACES D'HOMMES.

Il y a trois grandes races d'hommes : la race *blanche*, la race *jaune* et la race *nègre*.

La race blanche habite surtout l'Europe, l'ouest de l'Asie et le nord de l'Afrique. A mesure qu'on s'avance dans les contrées plus chaudes, on observe que le teint de cette race devient plus brun, sans doute à cause de l'ardeur du soleil; mais elle se reconnaît toujours à sa tête ovale, à sa bouche peu fendue, à ses cheveux fins et soyeux.

Les hommes de la race jaune habitent surtout l'est et le nord de l'Asie. Ils se font remarquer par leur visage large, leur tête à peu près ronde, leur couleur jaunâtre, leur bouche très-fendue, leur nez écrasé, leurs yeux très-longs, mais fort étroits, et relevés du côté des tempes. Leurs cheveux sont noirs et roides, et ils en ont peu.

Les nègres peuplent une grande partie de l'Afrique et le sud de l'Océanie : ils ont la peau noire, le front aplati, les mâchoires très-avancées, les lèvres grosses, les dents fort longues, la bouche grande, le nez large et épaté, les cheveux laineux, très-noirs et très-épais ; la plupart sont encore sauvages ou très-peu civilisés.

Il y a en outre un assez grand nombre de populations basanées, olivâtres et rougeâtres, qui se rapprochent plus ou moins des trois races précédentes.

Questionnaire. Quelles sont les trois grandes races d'hommes ? — Où habite chacune de ces races, et quels sont les traits qui les distinguent ?

RÉUNIONS D'HOMMES, HABITATIONS.

Les hommes les plus civilisés forment les grandes associations qu'on appelle *peuples* et *nations*.

Les hommes demi-civilisés ou tout à fait sauvages forment les *peuplades*, les *tribus* et les *familles isolées*.

Les peuples et les nations ont des demeures fixes, c'est-à-dire des *maisons* solides, en pierres, en briques et en bois.

Les maisons sont ordinairement réunies en groupes : les plus petits groupes sont les *hameaux ;* on appelle *villages* les groupes un peu plus importants ; un *bourg* est plus considérable qu'un village ; enfin les plus grandes réunions de maisons s'appellent *villes* ou *cités*.

Les hommes demi-civilisés ou sauvages ont pour habitations des *tentes*, faites ordinairement de peaux d'animaux ; ils ont aussi des *huttes*, formées de branchages et de feuillages, ou de terre grossièrement amoncelée ; ils habitent quelquefois des *cavernes*.

Une grande étendue de terrain forme un *pays*, une *contrée* ou une *région*.

Un *état* est un pays soumis à un même gouvernement, aux mêmes lois, et où règnent généralement les mêmes mœurs, le même langage.

Quand l'état est gouverné par un roi, c'est un *royaume*; quand il l'est par un empereur, c'est un *empire*; lorsqu'il y a plusieurs chefs à la fois, c'est une *république*.

QUESTIONNAIRE. Qu'est-ce qu'un peuple ou une nation ? — une peuplade ou une tribu ? — un hameau ? — un village ? — un bourg ? — une ville ou cité ? — Quelles sont les habitations des peuplades sauvages ou demi-civilisées ? — Qu'est-ce qu'un pays, une contrée ou une région ? — un état ? — un royaume ? — un empire ? — une république ?

EUROPE.

SITUATION, CLIMAT, LIMITES, COTES, MONTAGNES, FLEUVES ET LACS.

L'Europe est la plus petite partie du monde ; mais c'est la plus civilisée.

Elle se trouve à peu près vers le milieu de l'espace renfermé entre l'équateur et le pôle. Le climat y est tempéré.

L'Europe tient vers l'est à l'Asie. Au nord, elle est bornée par l'océan Glacial ; à l'ouest, par l'océan Atlantique ; au sud, elle est séparée de l'Afrique par la mer Méditerranée et le détroit de Gibraltar. La mer Caspienne est une espèce de grand lac qui se trouve au sud-est, sur la limite de l'Asie.

Les côtes de l'Europe sont très-découpées : il y a beaucoup de petites mers, de golfes, de baies et de presqu'îles.

On remarque la mer *Blanche*, dans l'océan Glacial ; — la mer *Baltique*, la mer du *Nord* et la *Manche*, dans l'océan Atlantique ; — la mer *Adriatique*, l'*Archipel* et la mer *Noire*, dans la Méditerranée.

On voit, dans le nord, la grande presqu'île de

Scandinavie, qui renferme la Suède et la Norvége ; en face, est la presqu'île du *Danemark*.

Au sud-ouest, est la grande presqu'île qui comprend l'*Espagne* et le *Portugal*.

Au sud, on voit la presqu'île d'*Italie* et celle de *Morée*.

Au sud-est, est la presqu'île de *Crimée*, à côté de la mer Noire.

Parmi les îles de l'Europe, on remarque : les *îles Britanniques*, dont les deux plus importantes sont la *Grande-Bretagne* et l'*Irlande* ; — l'*Islande*, très-froide, très-reculée au nord-ouest, et plus voisine de l'Amérique que de l'Europe ; — la *Corse*, la *Sardaigne*, la *Sicile*, *Candie*, dans la Méditerranée.

Le cap *Nord* est à l'extrémité nord de l'Europe ; — le cap *Saint-Vincent*, à l'extrémité sud-ouest, — et le cap *Matapan*, à l'extrémité sud.

Les principales chaînes de montagnes sont : les *Alpes*, vers le milieu de l'Europe ; — les *Pyrénées*, entre la France et l'Espagne ; — les *Apennins*, en Italie ; — les monts *Ourals* et le mont *Caucase*, entre l'Europe et l'Asie.

On remarque deux célèbres volcans : le mont *Etna*, en Sicile, et le mont *Vésuve*, en Italie.

Les fleuves principaux qui coulent du côté des deux océans, sont : la *Vistule*, l'*Oder*, l'*Elbe*, le *Rhin*, la *Seine*, la *Loire*, le *Douro*, le *Tage*, la *Tamise*.

Du côté de la Méditerranée, coulent l'*Èbre*, le *Rhône*, le *Pô*, le *Danube*, le *Dniepr*, le *Don*.

Le *Volga*, le plus grand fleuve de l'Europe, se jette dans la mer Caspienne.

L'*Oural*, qui sépare l'Europe de l'Asie, se jette aussi dans cette mer.

Les deux plus grands lacs d'Europe sont le lac *Ladoga* et le lac *Onéga*, entre la mer Baltique et la mer Blanche.

QUESTIONNAIRE. Quelle est la situation de l'Europe ? — Quel en est le climat ? — Quelles sont les bornes de cette partie du monde ? — Les côtes en sont-elles régulières ou irrégulières ? — Quelles mers principales y remarque-t-on ? — Quelles en sont les presqu'îles et les îles principales ? — Quels sont les trois caps principaux au nord, au sud-ouest et au sud ? — Quelles sont les principales chaînes de montagnes ? — Quels sont les volcans ? — les fleuves les plus importants ? — les lacs ?

PRINCIPAUX PAYS ET GRANDES VILLES.

Il y a en Europe seize régions principales, dont huit sont formées d'*îles* et de *presqu'îles*, et huit sont dans l'*intérieur du continent*.

Les huit régions formées d'îles et de presqu'îles sont :

Au nord, le royaume des ILES BRITANNIQUES, composé de l'*Angleterre*, de l'*Écosse* et de l'*Irlande* (1) ;

(1) L'Angleterre et l'Écosse sont renfermées dans l'île de la Grande-Bretagne.

—le Danemark ; — et la monarchie Suédoise ou Scandinave, composée de la *Suède* et de la *Norvége;*

Au sud, l'Espagne, le Portugal, l'Italie, la Turquie d'Europe et la Grèce.

Les régions de l'intérieur du continent sont : le royaume de France, — le royaume de Belgique, — le royaume de Hollande, — la république de Suisse, — l'Allemagne, qui est une réunion de beaucoup d'états, comme la *Bavière*, le *Hanovre*, etc.; — le royaume de Prusse, — l'empire d'Autriche, — et l'empire du Russie, avec la *Pologne.*

Les villes principales de l'Europe sont :

1°. Dans les pays du nord :

Londres, capitale de l'Angleterre ;

Édinbourg, capitale de l'Écosse ;

Dublin, capitale de l'Irlande ;

Copenhague, capitale du Danemark ;

Stockholm, capitale de la Suède ;

2°. Dans les pays du sud :

Madrid, capitale de l'Espagne ;

Lisbonne, capitale du Portugal ;

Naples, Palerme, Rome, résidence du pape, *Turin, Milan, Venise*, dans l'Italie ;

Constantinople, capitale de la Turquie ;

Athènes, capitale de la Grèce.

3°. Dans les pays de l'intérieur du continent :

Paris, capitale de la France ;

Bruxelles, capitale de la Belgique;

La Haye, capitale de la Hollande, et *Amsterdam*, la plus grande ville de ce royaume;

Munich, capitale de la Bavière;

Berlin, capitale de la Prusse;

Vienne, capitale de l'Autriche;

Saint-Pétersbourg, capitale de la Russie;

Moscou, dans le même empire.

QUESTIONNAIRE. Quels sont les principaux pays formés d'îles ou de presqu'îles qu'on remarque dans le nord de l'Europe? — Quels sont ceux du sud? — Quels sont les pays de l'intérieur du continent? — Quelles sont les villes principales?

ASIE.

LIMITES, COTES, MONTAGNES, FLEUVES ET LACS.

L'Asie, beaucoup plus grande que l'Europe, se trouve dans l'est de l'ancien continent; elle s'avance bien plus loin vers le pôle nord, et s'approche aussi bien plus de l'équateur. Il y fait très-froid au nord, et très-chaud au sud.

L'Asie est baignée par l'océan Glacial, au nord; le Grand Océan, à l'est, et l'océan Indien, au sud.

Les côtes en sont presque aussi irrégulières que celles de l'Europe.

Le Grand Océan y forme à l'est la mer de *Bering*, la mer *Jaune*, la mer *Bleue*, la mer de *Chine*.

L'océan Indien y forme au sud le golfe du *Bengale*, la mer d'*Oman*, le golfe *Persique* et la mer *Rouge*.

Les presqu'îles principales sont : à l'ouest, l'*Asie Mineure*; — au sud-ouest, l'*Arabie*; — au sud, les deux presqu'îles de l'*Inde*, c'est-à-dire l'*Hindoustan* et l'*Indo-Chine*, avec la presqu'île de *Malacca*; — à l'est, le *Corée* et le *Kamtchatka*.

Parmi les îles, on remarque :

Chypre, près de l'Asie Mineure ;

Ceylan, près de l'Hindoustan ;

Formose et les îles du *Japon*, à l'est.

Le cap *Septentrional* forme l'extrémité nord de l'Asie.

On voit à l'est le cap *Oriental*; — au sud, le cap *Comorin*.

Les monts *Himalaya*, dans le sud de l'Asie, sont les plus hautes montagnes du monde.

On remarque dans l'ouest le mont *Taurus* et le mont *Liban*.

Il y a en Asie de bien plus grands fleuves qu'en Europe :

L'*Obi*, l'*Iéniseï* et la *Léna* coulent au nord, vers l'océan Glacial;

L'*Amour*, le fleuve *Jaune* et le fleuve *Bleu*, à l'est, vers le Grand Océan ;

Le *Gange*, l'*Indus*, l'*Euphrate* et le *Tigre*, au sud, vers l'océan Indien.

On remarque à l'est de la mer Caspienne, le grand lac d'*Aral*.

On voit dans le nord de l'Asie le lac *Baïkal*.

La mer *Morte* est un autre lac bien moins grand, mais célèbre dans l'histoire sainte, et situé au sud-ouest, vers la Méditerranée.

QUESTIONNAIRE. Dites la situation, le climat et les bornes de l'Asie. — Quelles mers y remarque-t-on ? — Quelles en sont les presqu'îles et les îles principales ? — les caps ? — les montagnes ? — les fleuves ? — les lacs ?

PRINCIPAUX PAYS ET GRANDES VILLES.

Les pays principaux de l'Asie sont :

Au nord, la *Sibérie*, qui appartient à la Russie ;

A l'ouest, la *Turquie d'Asie*, la *Perse*, l'*Afghanistan*, le *Turkestan* ;

A l'est, l'empire de la *Chine* et celui du *Japon* ;

Au sud, l'*Indo-Chine*, l'*Hindoustan*, le *Béloutchistan* et l'*Arabie*.

Les plus grandes villes de l'Asie sont :

Pé-king, capitale de la Chine ;

Nan-king, *Canton*, aussi dans la Chine ;

Yédo et *Méaco*, capitales du Japon;

Calcutta, dans l'Hindoustan ;

Téhéran, capitale de la Perse;

Smyrne, *Damas*, *Bagdad*, dans la Turquie d'Asie.

QUESTIONNAIRE. Quels sont les pays principaux de l'Asie? — les villes principales?

AFRIQUE.

LIMITES, COTES, MONTAGNES, FLEUVES, LACS.

La mer entoure l'Afrique presque de tous côtés. Cette partie du monde ne tient au reste du continent que par l'isthme de *Suez*, resserré entre la Méditerranée et la mer Rouge.

Sa forme est régulière, et ses côtes sont presque sans découpures ; elle s'amincit beaucoup vers le sud, et se termine de ce côté par le cap de *Bonne-Espérance* et le cap des *Aiguilles*. A l'ouest, elle se termine par le cap *Vert*; et au nord, par le cap *Blanc*.

Il n'y a qu'une seule grande île vers les côtes de l'Afrique : c'est celle de *Madagascar*, au sud-est.

On remarque aussi l'île *Bourbon* et l'île de *France*,

à l'est de Madagascar, et les îles *Canaries*, au nord-ouest de l'Afrique.

L'Afrique est traversée par l'équateur ; elle a presque partout un climat brûlant. L'intérieur est encore peu connu. Il y a de grands déserts de sable, dont le plus vaste est le *Sahara*.

Le mont *Atlas*, au nord, est la principale chaîne de montagnes.

Le plus grand fleuve d'Afrique est le *Nil*, qui se jette dans la Méditerranée.

Le *Sénégal*, la *Gambie*, le *Niger* et le *Zaïre* se rendent dans l'Atlantique.

Le *Zambèze* se jette dans l'océan Indien.

Au milieu de l'Afrique est le lac *Tchad*, le plus grand lac de cette partie du monde.

QUESTIONNAIRE. Quelles sont les bornes de l'Afrique ? — Par quel isthme tient-elle à l'Asie ? — Les côtes en sont-elles régulières ou ir-régulières ? — Quels en sont les caps principaux ? — les îles princi-pales ? — le climat ? — le plus grand désert ? — les montagnes ? — les fleuves ? — le plus grand lac ?

PRINCIPAUX PAYS ET GRANDES VILLES.

Parmi les principaux pays, on remarque :

Au nord-est, vers le Nil, l'*Égypte*, la *Nubie* et l'*Abyssinie* ;

Au nord, vers la Méditerranée, la *Barbarie*, qui

renferme les régences de *Tripoli* et de *Tunis*, l'*Algérie* et l'empire de *Maroc*;

A l'ouest, vers l'océan Atlantique, la *Sénégambie*, la *Guinée supérieure* et la *Guinée inférieure*;

Au sud, la *colonie du Cap*, le pays des *Hottentots* et celui des *Cafres*;

A l'est, le *Mozambique* et le *Zanguebar*;

Au centre, la *Nigritie*.

La ville la plus peuplée de l'Afrique est le *Caire*, capitale de l'Égypte.

Les autres villes principales sont :

Tunis, capitale de la régence du même nom ;

Alger, capitale de l'Algérie, qui appartient à la France ;

Maroc, capitale de l'empire de ce nom.

QUESTIONNAIRE. Quels sont les pays principaux de l'Afrique? — les villes principales ?

AMERIQUE.

—

LIMITES; DIVISION EN DEUX GRANDES PARTIES; COTES, MONTAGNES, FLEUVES, LACS.

L'Amérique est la plus longue partie du monde : elle s'étend du nord au sud, entre l'océan Atlantique, à l'est, et le Grand Océan, à l'ouest. Elle est bornée au nord par l'océan Glacial.

Il y fait très-froid au nord, froid aussi vers le sud, et très-chaud vers le milieu.

Elle est divisée en deux grandes parties : l'*Amérique septentrionale* et l'*Amérique méridionale*, qui sont unies par l'isthme de *Panama*.

L'Amérique septentrionale a des côtes fort découpées :

On y remarque la mer d'*Hudson*, au nord-est ; — le golfe du *Mexique* et la mer des *Antilles*, à l'est ; — le golfe de *Californie* à l'ouest.

Le détroit de *Béring* la sépare de l'Asie, au nord-ouest.

On voit, sur la côte orientale, les presqu'îles de *Labrador*, de *Floride*, d'*Yucatan;* et sur la côte occidentale, la presqu'île de *Californie*.

L'Amérique méridionale ressemble un peu à l'Afrique : elle s'amincit, comme elle, vers le sud, et se termine par le cap *Horn*, situé dans la *Terre de Feu*.

Entre les deux Amériques, on trouve les îles *Antilles*, dont les plus grandes sont *Cuba* et *Haïti* ou *Saint-Domingue*.

Une très-longue chaîne de montagnes parcourt toute l'Amérique, du nord au sud. Elle s'appelle dans le nord monts *Rocheux*, et dans le sud *Cordillère des Andes*.

Il y a en Amérique beaucoup de fleuves; ils coulent presque tous vers l'océan Atlantique.

On y trouve les deux plus grands fleuves du monde : l'un, dans l'Amérique septentrionale, est le *Mississipi*, qui reçoit le *Missouri*; l'autre est l'*Amazone*, dans l'Amérique méridionale.

Les autres principaux fleuves sont : le *Saint-Laurent*, l'*Orénoque*, le *Saint-François* et le *Rio de la Plata*.

Il y a beaucoup de lacs en Amérique : le plus grand est le lac *Supérieur*, au nord.

QUESTIONNAIRE. Quelles sont les bornes de l'Amérique? — Quels en sont les différents climats? — les deux grandes divisions? — Par quel isthme sont-elles réunies? — Quels sont les golfes et les mers de l'Amérique? — les presqu'îles? — Où sont les îles Antilles? — Quelles sont les principales de ces îles? — Quelles sont les principales montagnes de l'Amérique? — les principaux fleuves? — Quel en est le plus grand lac?

PRINCIPAUX PAYS ET GRANDES VILLES.

Il y a six pays principaux dans l'Amérique septentrionale :

Le *Groenland*, qui est dans la partie la plus au nord et la plus froide;

La *Nouvelle-Bretagne*, dans laquelle est compris le Canada;

La *Russie américaine*;

Les *États-Unis*, qui sont une puissante république;

Le *Mexique*,

Et l'*Amérique centrale*.

Les villes principales sont : *New-York*, *Philadel-phie*, *Boston*, la *Nouvelle-Orléans*, dans les États-Unis; *Washington*, capitale de cette république.

Mexico, capitale du Mexique.

L'Amérique méridionale comprend :

Au nord : la *Colombie* (où se trouvent trois répu-bliques, la *Nouvelle-Grenade*, le *Venezuela* et l'*É-quateur*);

Au nord-est, les *Guianes;*

A l'est, le *Brésil;*

A l'ouest, le *Pérou*, la *Bolivie*, le *Chili;*

Au sud, la *Plata*, le *Paraguay*, l'*Uruguay* et la *Patagonie*.

Les principales villes sont : *Rio de Janeiro*, capi-tale du Brésil ;

Lima, capitale du Pérou ;

Quito, capitale de l'Équateur ;

Bogota, capitale de la Nouvelle-Grenade;

Caracas, capitale du Venezuela ;

Buenos-Ayres, capitale de la Plata.

QUESTIONNAIRE. Quels sont les pays principaux de l'Amérique sep-tentrionale? — Quelles sont les villes principales? — Quels sont les pays principaux de l'Amérique méridionale? —Quelles sont les villes principales ?

OCEANIE.

L'Océanie s'étend dans le Grand Océan, au sud-est de l'Asie et à l'ouest de l'Amérique.

Sa plus grande terre est la *Nouvelle-Hollande* ou *Australie*, dont on ne connaît pas l'intérieur.

Les autres parties principales de l'Océanie sont : les îles de la *Nouvelle-Guinée*, de la *Nouvelle-Zélande*, de *Sumatra*, de *Java*, de *Bornéo*, les îles *Philippines*, les îles *Sandwich* ou *Haouaii*, les îles *Taïti*.

Les plus grandes villes de cette partie du monde sont :

Manille, dans les îles Philippines ;

Batavia, dans l'île de Java ;

Sydney, dans l'Australie.

La plupart des indigènes de l'Océanie sont encore sauvages.

QUESTIONNAIRE. Quelle est la situation de l'Océanie? — Quelle en est la plus grande terre? — Quelles en sont les îles principales? — les plus grandes villes?

FRANCE.

La France est placée dans l'ouest de l'Europe, entre la Méditerranée et l'océan Atlantique, et entre l'Espagne, l'Italie, la Suisse, l'Allemagne et la Belgique ; la Manche la sépare de l'Angleterre.

Les *Alpes*, le *Jura* et les *Pyrénées* forment une grande partie de ses frontières.

Dans l'intérieur de la France, on remarque les montagnes des *Vosges*, des *Cévennes* et de l'*Auvergne*.

Le *Rhin* coule entre la France et l'Allemagne, à l'est ; il va se jeter dans la mer du Nord.

La *Seine* se jette dans la Manche, sur la côte nord-ouest. Elle reçoit la *Marne* et l'*Yonne*.

La *Loire*, qui reçoit l'*Allier*, et la *Gironde*, formée par la *Garonne* et la *Dordogne*, se rendent, à l'ouest, dans une partie de l'Océan qui s'appelle mer de France ou golfe de Gascogne.

Le *Rhône* se jette dans la Méditerranée, au sud-est ; il reçoit la *Saône*.

La France est partagée en quatre-vingt-six départements ; chaque département se divise en plusieurs arrondissements.

Chaque département a un chef-lieu, c'est-à-dire une ville où réside un préfet qui administre le département.

Paris, capitale de la France, est sur la Seine, dans le nord du royaume.

On remarque encore dans le nord de la France : *Lille*, *Amiens*, *Rouen*, sur la Seine ; *Le Havre*, à l'embouchure de ce fleuve ; *Caen*, *Versailles*, *Reims*, *Troyes*, *Metz*, *Nancy*.

Dans l'est, on voit : *Strasbourg*, vers le Rhin ; *Besançon*, *Dijon*, *Lyon*, au confluent du Rhône et de la Saône ; *Saint-Étienne*.

Vers le milieu de la France, on distingue : *Orléans*, *Tours*, *Bourges*, *Clermont-Ferrand*, *Limoges*.

Dans l'ouest, on remarque : *Nantes*, sur la Loire ; *Angers*, *Rennes*, *Brest*, avec un beau port, sur l'Océan.

Dans le sud, les villes principales sont : *Bordeaux* et *Toulouse*, sur la Garonne ; *Montpellier*, *Nîmes*, *Grenoble* ; *Avignon*, sur le Rhône ; *Marseille* et *Toulon*, ports célèbres, sur la Méditerranée.

De toutes ces villes, la plus peuplée après Paris est Lyon ; Marseille vient ensuite, puis Bordeaux, Rouen, Nantes, Toulouse, Lille et Strasbourg.

Au sud-est de la France, et près de l'Italie, se

trouve la grande et belle île de *Corse*, qui forme un département français.

QUESTIONNAIRE. Quelles sont les limites de la France? — Quelles en sont les montagnes principales? — les fleuves? — En combien de départements se divise la France? — Comment se divisent les départements?—Par qui sont administrés les départements?—Quelles sont les villes principales du nord?— de l'est?— du centre?— de l'ouest? — du sud? — Quelle est la grande île qui dépend de la France?

———

TABLEAU

DES DÉPARTEMENTS DE LA FRANCE

Comparés aux anciennes provinces, classées par bassins de mer.

ANCIENNES PROVINCES.	DÉPARTEMENTS.	CHEFS-LIEUX.
Provinces du bassin de la mer du Nord.		
ALSACE	Bas-Rhin	Strasbourg.
	Haut-Rhin	Colmar.
LORRAINE	Meuse	Bar-le-Duc.
	Moselle	Metz.
	Meurthe	Nancy.
	Vosges	Épinal.
FLANDRE	Nord	Lille.
Provinces partagées entre les bassins de la mer du Nord et de la Manche.		
ARTOIS	Pas-de-Calais	Arras.
CHAMPAGNE	Ardennes	Mézières.
	Marne	Châlons-sur-Marne.
	Aube	Troyes.
	Haute-Marne	Chaumont.

ANCIENNES PROVINCES.	DÉPARTEMENTS.	CHEFS-LIEUX.

Provinces du bassin de la Manche.

PICARDIE	Somme	Amiens.
ILE DE FRANCE	Seine	Paris.
	Seine-et-Oise	Versailles.
	Oise	Beauvais.
	Seine-et-Marne	Melun.
	Aisne	Laon.
NORMANDIE	Seine-Inférieure	Rouen.
	Eure	Evreux.
	Calvados	Caen.
	Manche	Saint-Lô.
	Orne	Alençon.

Province partagée entre les bassins de la Manche et de la mer de France.

BRETAGNE	Ille-et-Vilaine	Rennes.
	Côtes-du-Nord	Saint-Brieuc.
	Finistère	Quimper.
	Morbihan	Vannes.
	Loire-Inférieure	Nantes.

Provinces du bassin de la mer de France.

BOURBONNAIS	Allier	Moulins.
NIVERNAIS	Nièvre	Nevers.
BERRI	Cher	Bourges.
	Indre	Châteauroux.
ORLÉANAIS	Loiret	Orléans.
	Eure-et-Loir	Chartres.
	Loir-et-Cher	Blois.
TOURAINE	Indre-et-Loire	Tours.
ANJOU	Maine-et-Loire	Angers.
MAINE	Sarthe	Le Mans.
	Mayenne	Laval.
AUVERGNE	Puy-de-Dôme	Clermont.
	Cantal	Aurillac.
MARCHE	Creuse	Guéret.
LIMOUSIN	Corrèze	Tulle.
	Haute-Vienne	Limoges.
POITOU	Vienne	Poitiers.
	Deux-Sèvres	Niort.
	Vendée	Bourbon-Vendée.
ANGOUMOIS	Charente	Angoulême.
AUNIS ET SAINTONGE	Charente-Inférieure	La Rochelle.

ANCIENNES PROVINCES.	DÉPARTEMENTS.	CHEFS-LIEUX.
GUIENNE	Gironde	Bordeaux.
	Dordogne	Périgueux.
	Lot	Cahors.
	Aveyron	Rodez.
	Tarn-et-Garonne	Montauban.
	Lot-et-Garonne	Agen.
GASCOGNE	Landes	Mont-de-Marsan.
	Gers	Auch.
	Hautes-Pyrénées	Tarbes.
BÉARN	Basses-Pyrénées	Pau.
COMTÉ DE FOIX	Ariège	Foix.

Provinces partagées entre les bassins de la mer de France et de la Méditerranée.

ANCIENNES PROVINCES.	DÉPARTEMENTS.	CHEFS-LIEUX.
LANGUEDOC	Aude	Carcassonne.
	Hérault	Montpellier.
	Gard	Nîmes.
	Haute-Garonne	Toulouse.
	Tarn	Alby.
	Lozère	Mende.
	Haute-Loire	Le Puy.
	Ardèche	Privas.
LYONNAIS	Rhône	Lyon.
	Loire	Montbrison.

Province partagée entre les bassins de la Manche, de la mer de France et de la Méditerranée.

ANCIENNES PROVINCES.	DÉPARTEMENTS.	CHEFS-LIEUX.
BOURGOGNE	Yonne	Auxerre.
	Côte-d'Or	Dijon.
	Saône-et-Loire	Mâcon.
	Ain	Bourg.

Provinces du bassin de la Méditerranée.

ANCIENNES PROVINCES.	DÉPARTEMENTS.	CHEFS-LIEUX.
FRANCHE-COMTÉ	Doubs	Besançon.
	Haute-Saône	Vesoul.
	Jura	Lons-le-Saunier.
DAUPHINÉ	Isère	Grenoble.
	Drôme	Valence.
	Hautes-Alpes	Gap.
ETAT D'AVIGNON	Vaucluse	Avignon.
PROVENCE	Bouches-du-Rhône	Marseille.
	Basses-Alpes	Digne.
	Var	Draguignan.
ROUSSILLON	Pyrénées-Orientales	Perpignan.
CORSE	Corse	Ajaccio.

FIN.

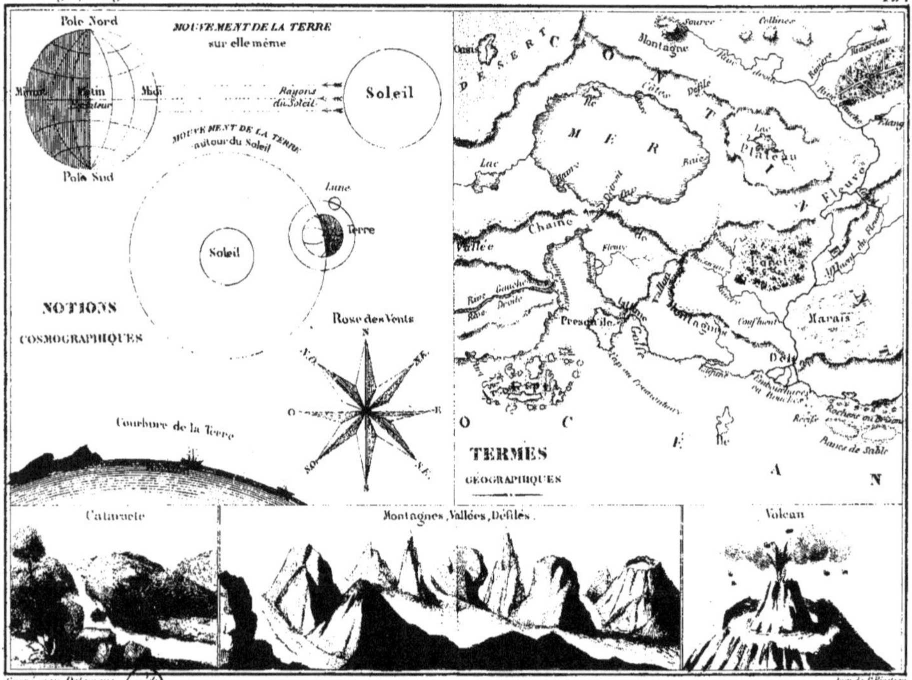

MOUVEMENT DE LA TERRE
sur elle même
Pole Nord
Matin
Équateur
Midi
Pole Sud
Rayons du Soleil
Soleil
MOUVEMENT DE LA TERRE
autour du Soleil
Lune
Terre
Soleil
NOTIONS
COSMOGRAPHIQUES
Rose des Vents
N
N.O.
N.E.
O.
E.
S.O.
S.E.
S.
Courbure de la Terre
DÉSERT
Oasis
CONTINENT
Source
Collines
Montagne
Côtes
Défilé
Rive droite
Rangée
Ruisseau
Île
MER
Lac
Plateau
Étang
Baie
Lac
Havre
Détroit
Cap
Fleuve
Chaîne
Fleuve
Vallée
Rive Gauche
Rive Droite
Presqu'île
Golfe
Vallon
Montagnes
Forêt
Confluent
Marais
Delta
Fleuve
Embouchures ou Bouches
Rochers ou Brisans
Récife
Banc de Sable
Île
OCÉAN
TERMES
GÉOGRAPHIQUES
Cataracte
Montagnes, Vallées, Défilés.
Volcan

MAPPEMONDE

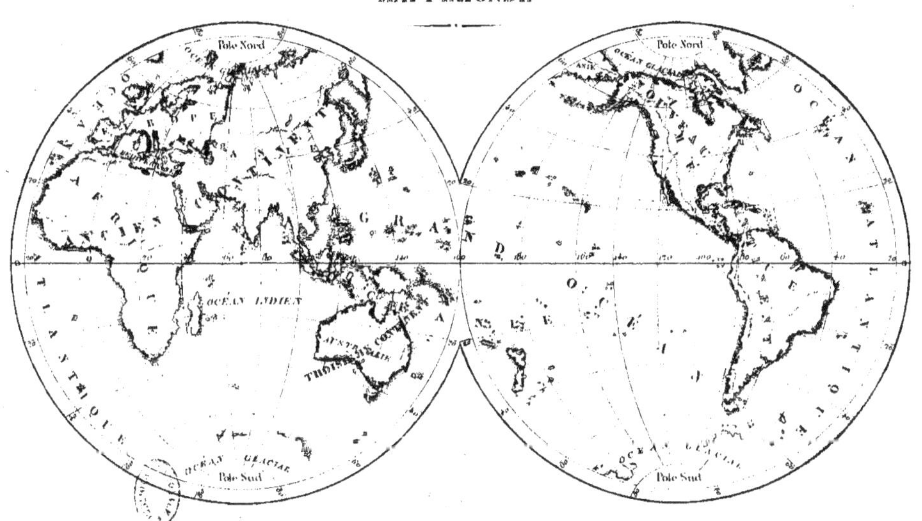

Gravé par Delamare   Imp. de l'Ametour

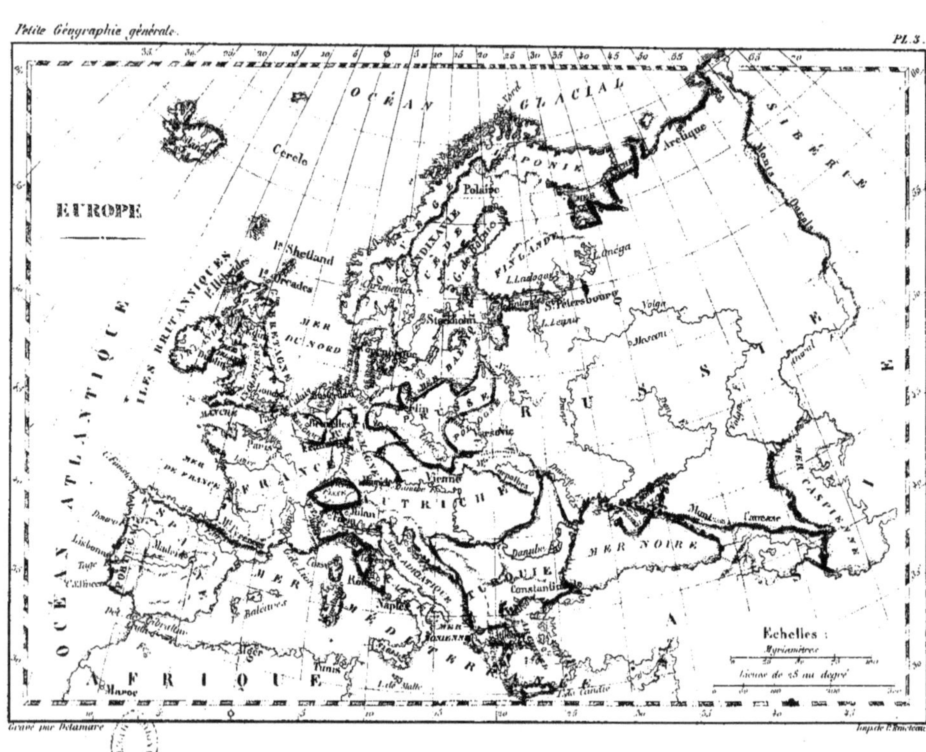
EUROPE
OCÉAN GLACIAL
SIBÉRIE
Islande
Cercle Polaire
Nord
PONIK
NORWÈGE
SUÈDE
FINLANDE
L. Onéga
L. Ladoga
St Pétersbourg
Christiania
Stockholm
Volga
Moscou
Is Shetland
Orcades
ILES BRITANNIQUES
MER DU NORD
RUSSIE
MER
Dublin
Londres
Bruxelles
Paris
MANCHE
FRANCE
ALLEMAGNE
AUTRICHE
Vienne
Milan
Rome
Lisbonne
Tage
C. St Vincent
Gibraltar
ESPAGNE
MER DE FRANCE
Ebre
Danube
TURQUIE
Constantinople
MER NOIRE
Caucase
MER CASPIENNE
OCÉAN ATLANTIQUE
MER MÉDITERRANÉE
MER IONIENNE
Naples
Tunis
Alger
Maroc
AFRIQUE
Baléares
I. de Candie
I. de Malte
Échelles:
Myriamètres
Lieues de 25 au degré

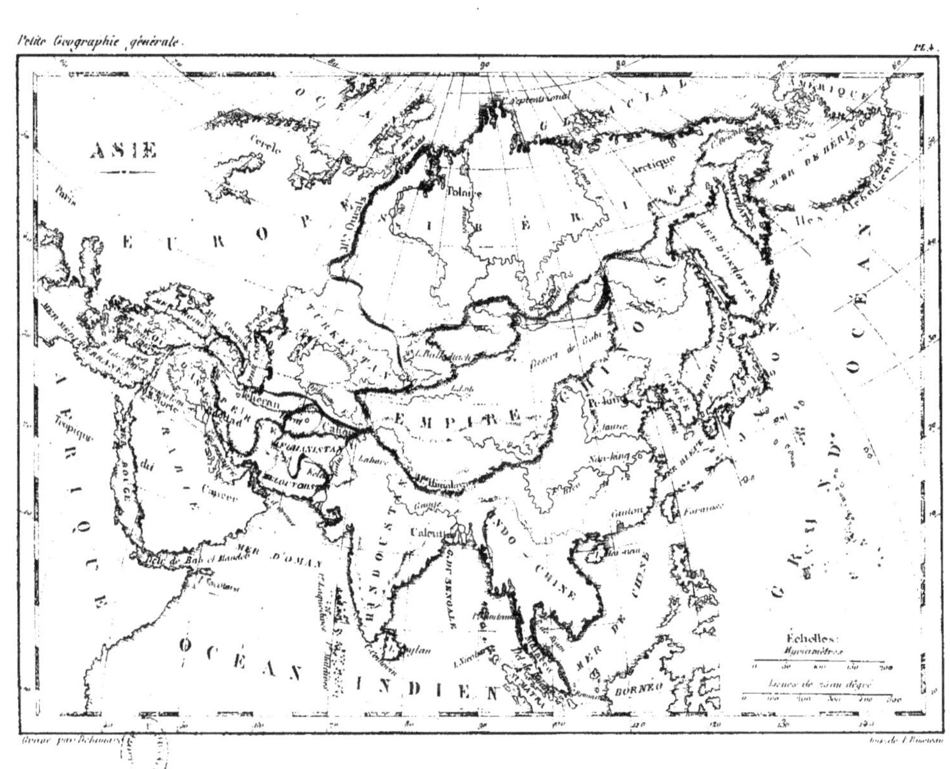
ASIE
OCÉAN GLACIAL
Cercle Polaire
Arctique
AMÉRIQUE
MER DE BÉHRING
Iles Aléoutiennes
EUROPE
SIBÉRIE
Mts Ourals
Paris
TURKESTAN
L. Balkhach
Désert de Gobi
Ladak
EMPIRE CHINOIS
Pe-king
MER DU JAPON
MER D'OKHOTSK
Mer Jaune
Nan-king
GRAND OCÉAN
AFRIQUE
MER ROUGE
ARABIE
Tropique du Cancer
MER DE PERSE
Himalaya
Gange
HINDOUSTAN
Calcutta
GOLFE DE BENGALE
INDO-CHINE
MER DE CHINE
Canton
Formose
Dét. de Bab el Mandeb
MER D'OMAN
Ceylan
Bombay
OCÉAN INDIEN
SUMATRA
BORNÉO
Échelles:
Myriamètres
Lieues de 25 au degré

PL. 5.

OCÉAN
ASIE
MÉDITERRANÉE
Lisbonne
ESPAGNE
Açores
P. Madère
P. Canaries
TRIPOLI
Isthme de Suez
SAHARA OU GRAND DÉSERT
Cancer
Tropique
MER D'OMAN
P. du Cap Vert
St Louis
Tembouctou
C. Vert
L. Tchad
I. Socotora
Guardafui
Mts de Kong
GUINÉE
ABYSSINIE
Montagnes de la Lune
Équateur
Équateur
C. de Guinée
I. Seychelles
AMÉRIQUE MÉRID.
St Barth.
GUINÉE MÉRID.
OCÉAN
I. Comores
L. Ste Hélène
CAFRERIE
Zambèze
MOZAMBIQUE
CANAL DE MOZAMBIQUE
I. de France (Maurice)
Tropique
I. Bourbon
Capricorne
AFRIQUE
du
HOTTENTOTE
le Cap
C. des Aiguilles
Échelles:
Myriamètres
C. de Bonne Espérance
OCÉAN INDIEN
Lieues de 25 au degré

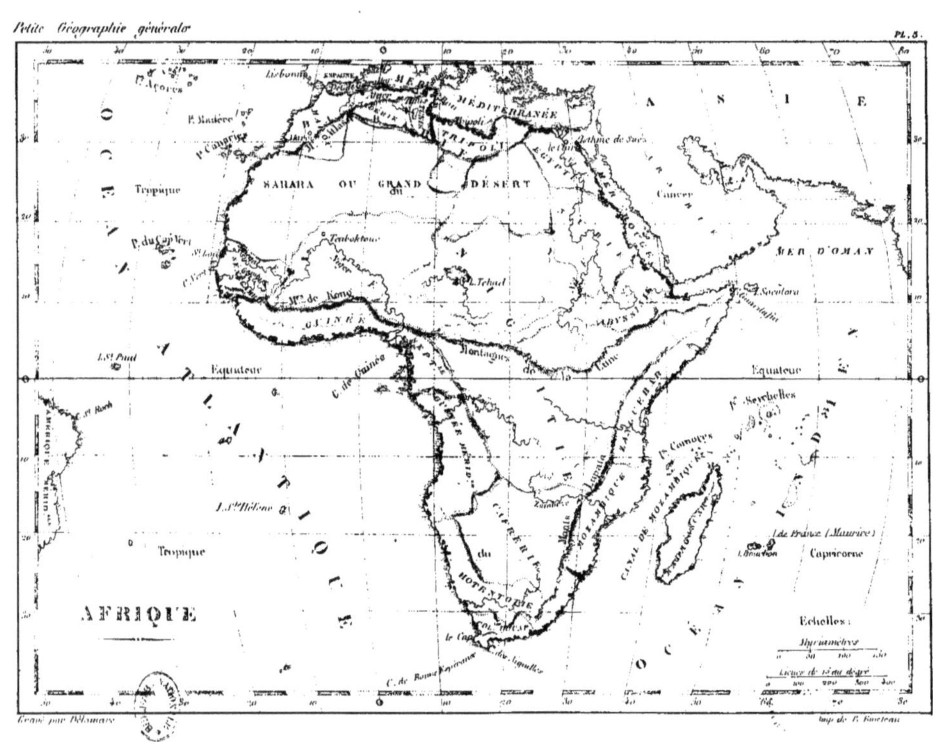

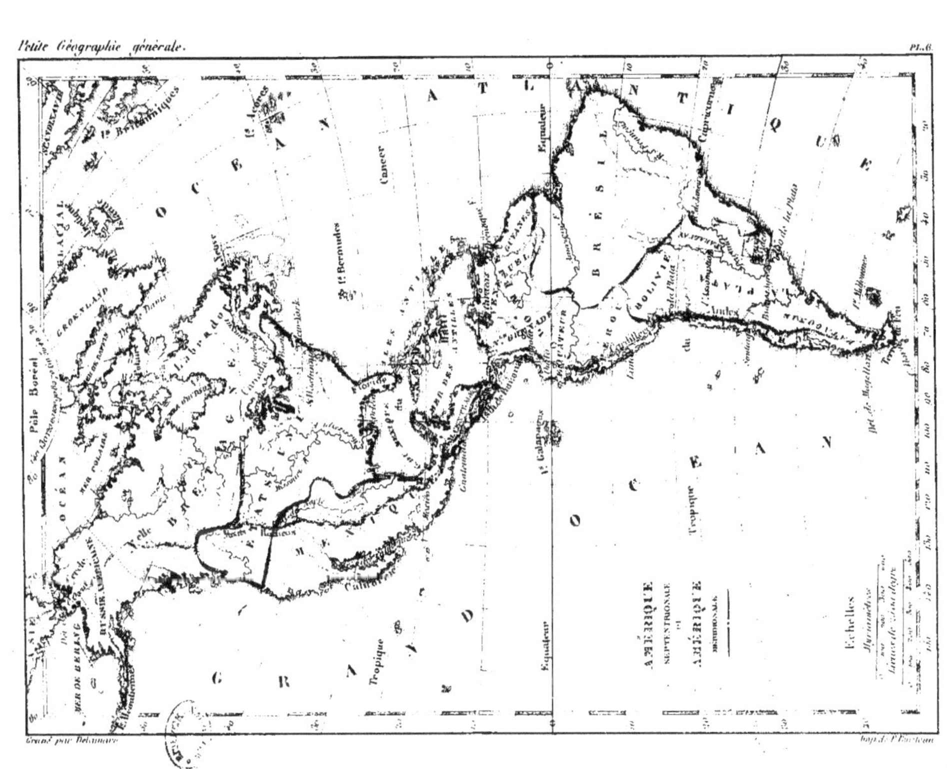

OCÉAN ATLANTIQUE
OCÉAN GRAND
OCÉAN
Pôle Boréal
GROENLAND
Labrador
BRÉSIL
BOLIVIE
LA PLATA
PATAGONIE
Iles Britanniques
Bermudes
Antilles
Cancer
Tropique
Équateur
MER DE BEHRING
RUSSIE AMÉRICAINE
Californie
MEXIQUE
Iles Galapagos
Dét. de Magellan
AMÉRIQUE
SEPTENTRIONALE
et
AMÉRIQUE
MÉRIDIONALE
Échelles
Myriamètres
Lieues de vingt au degré

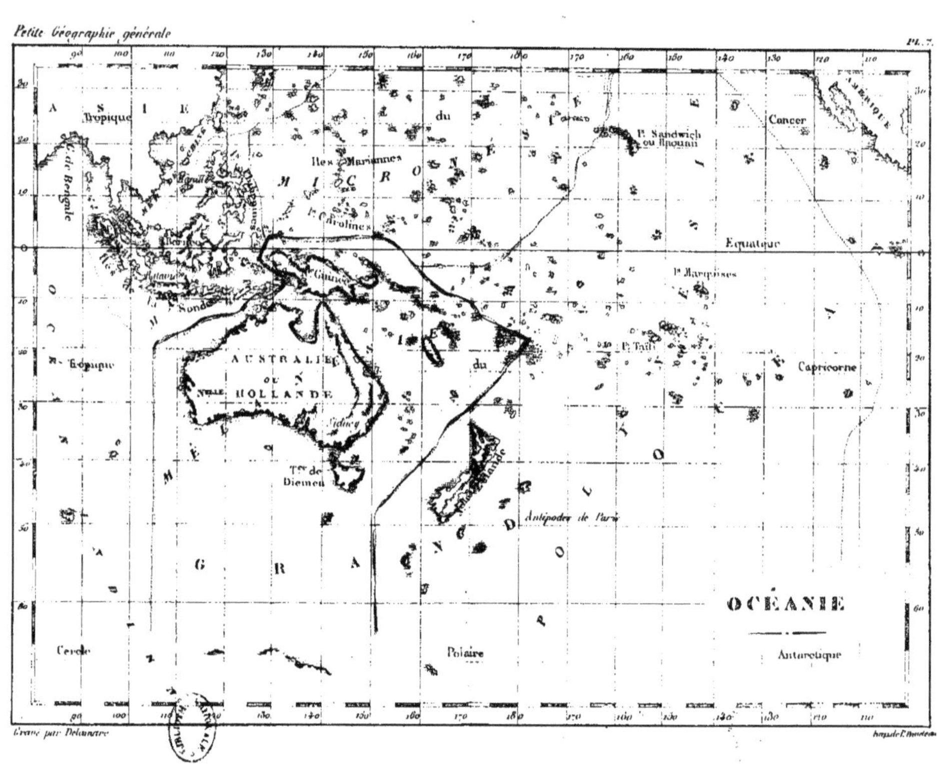
ASIE
Tropique
T. de Bengale
Iles Mariannes
MICRONÉSIE
C.lles Carolines
C. York
du
P. Sandwich
ou Ahouan
Cancer
AMÉRIQUE
Equateur
Iles Marquises
P. Taïti
Capricorne
AUSTRALIE
ou
N.lle HOLLANDE
Sidney
POLYNÉSIE
du
Tre de
Diemen
N.lle Zelande
Antipodes de Paris
MÉR
GRA
N
D
OCÉAN
OCÉANIE
Cercle
Polaire
Antarctique

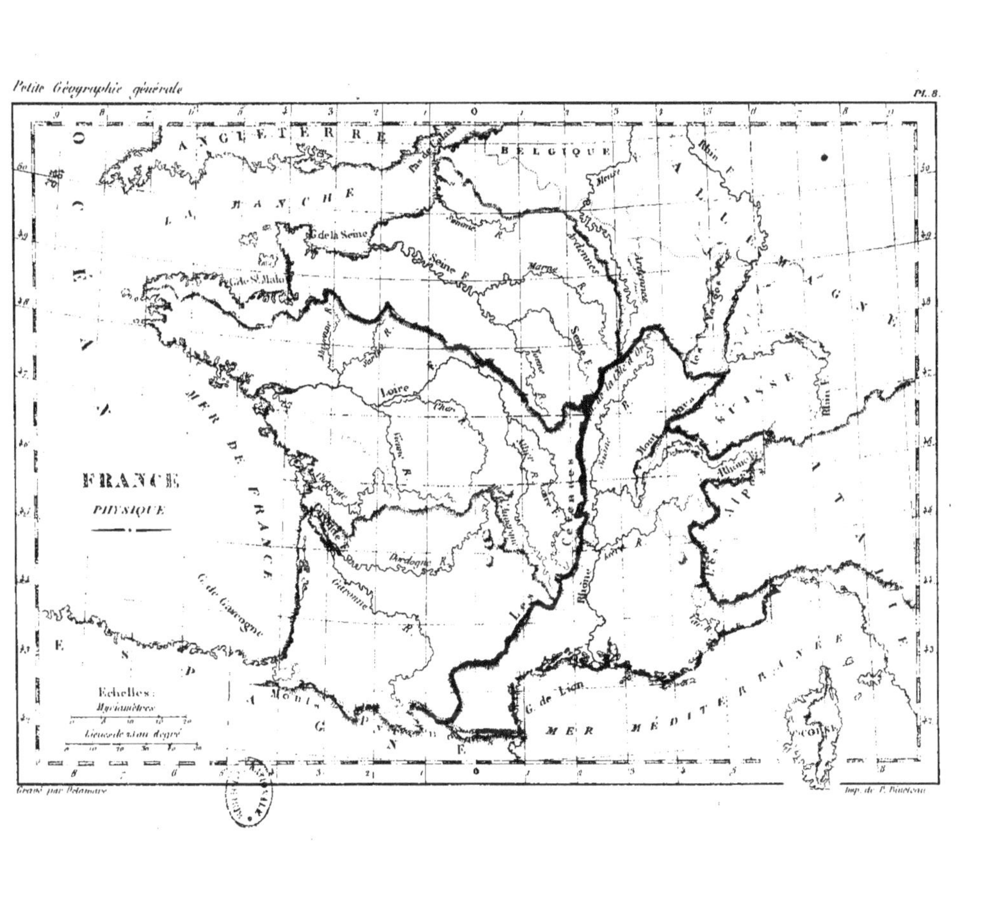
ANGLETERRE
BELGIQUE
ALLEMAGNE
SUISSE
ITALIE
ESPAGNE
OCÉAN
MANCHE
MER DE FRANCE
MER MÉDITERRANÉE
FRANCE
PHYSIQUE
G. de la Seine
G. de St Malo
Seine F.
Marne
Loire
Dordogne R.
Garonne R.
Les Cévennes
G. de Gascogne
Monts Pyrénées
G. de Lion
Rhin F.
CORSE
Echelles:
Myriamètres
Lieues de 25 au degré

OCÉAN
ANGLETERRE
BELGIQUE
ALLEMAGNE
LA MANCHE
FRANCE
PAR
DÉPARTEMENTS
MER MÉDITERRANÉE
Myriamètres
Lieues de 25 au degré
TABLEAU
des anciennes Provinces.
1 Flandre
2 Artois
3 Picardie
4 Normandie
5 Ile-de-France
6 Champagne
7 Lorraine
8 Alsace
9 Franche-Comté
10 Bourgogne
11 Lyonnais
12 Dauphiné
13 Provence
14 Languedoc
15 Roussillon
16 Comté de Foix
17 Béarn
18 Guienne et Gascogne
19 Angoumois
20 Aunis et Saintonge
21 Poitou
22 Anjou
23 Bretagne
24 Maine
25 Orléanais
26 Touraine
27 Berry
28 Nivernais
29 Bourbonnais
30 Marche
31 Limousin
32 Auvergne
a Corse
b Avignon et Pté d'Orange

EXTRAIT DU CATALOGUE
DE LA LIBRAIRIE DE L. HACHETTE ET Cⁱᵉ.

PETITE BIBLIOTHÈQUE DES ÉCOLES PRIMAIRES.

Iʳᵉ SÉRIE. — OUVRAGES D'UNE FEUILLE IN-18 (36 PAGES).
Prix : brochés, 10 centimes; cartonnés, 15 centimes.

Alphabet. — Histoire moderne. — Histoire naturelle, 2 vol. — Histoire romaine. — Inventions et découvertes. — Livre de prières. — Modèles typographiés des cinq genres d'écriture. — Rois (les) de France. — Traité d'arpentage. — Traité de chimie. — Traité de mécanique.

IIᵉ SÉRIE. — OUVRAGES D'UNE FEUILLE GRAND IN-18 (36 PAGES).
Prix : brochés, 15 centimes; cartonnés, 20 centimes.

Arithmétique. — Choix de Fables. — Géographie de la France. — Grammaire française de Lhomond. — Histoire ancienne. — Histoire et morale de Jésus-Christ. — Notions de calcul. — Poids et mesures (les) du système métrique. — Traité de morale religieuse.

IIIᵉ SÉRIE. — OUVRAGES DE DEUX FEUILLES IN-18 (72 PAGES).
Prix : brochés, 20 centimes; cartonnés, 25 centimes.

Petit catéchisme historique, par Fleury. — Civilité chrétienne, ou Règles de la bienséance. — Premières connaissances. — Eléments de la Chronologie. — Histoire d'Allemagne et de l'Empire. — Histoire d'Angleterre, d'Ecosse et d'Irlande. — Histoire d'Espagne. — Histoire de Portugal. — Livre de prières, contenant les prières du matin et du soir, la messe et les vêpres, etc. — Morale en action. — Œuvres choisies de Franklin. — Prieur (le) de Chamouny, fragments de morale. — Récits des prix Montyon, depuis leur fondation jusqu'à ce jour, 2 vol. — Tablettes chronologiques de l'histoire ancienne.

IVᵉ SÉRIE. — OUVRAGES DE DEUX FEUILLES GRAND IN-18 (36 PAGES).
Prix : brochés, 25 centimes; cartonnés, 30 centimes.

Histoire d'Italie. — Histoire de l'empire Ottoman. — Histoire de Russie. — Histoire de Charles Renaud, ou le Conscrit de 1812. — Histoire de Prosper Brinquart. — Histoire du petit Jacques. — Histoire naturelle et économique des principaux animaux domestiques, par C. P. de Lasteyrie, 6 vol. — Modèle de l'apprenti. — Mythologie. — Science (la) du bonhomme Richard. — Traité d'analyse grammaticale. — Traité d'analyse logique. — Traité de la conjugaison des verbes.

Vᵉ SÉRIE. — OUVRAGES DE QUATRE A CINQ FEUILLES IN-18,
Par M. DelaPalme.
Prix : 75 centimes.

Lectures (1ʳᵉ partie). — Lectures (2ᵉ partie, autographiée pour exercer à lire l'écriture manuscrite). — Lectures du dimanche. — Veillées du village. — Livre de prières. — Récits de la Bible, 2 vol. — Evangiles. — Morale de la Bible. — Histoire de France, 4 vol. — Biographie des rois et des hommes illustres de la France, 2 vol. — Histoire naturelle des plantes. — Histoire naturelle des animaux, 2 vol. — Géologie et Minéralogie. — Météorologie. — Grammaire. — Géographie générale. — Géographie de la France.

Imprimerie Panckoucke, rue des Poitevins, 14.